한 사람에게 바치는

꽃대

이중삼 시집

꽃대

북랜드

너는 나에게 나는 너에게
폐선이 되도록 오랜 세월 정박시키고 싶어 마음을 닻으로 내려놓고
서로의 눈빛을 가득 섞으며 소주를 마셨지
사랑하는 사람아
비가 다시 내리려는지
갯벌처럼 축축하게 가슴이 젖는구나
가끔 생각 나니
궁금하다는 대신 너와 내가 함께 했던 시간을 떠올리고 싶구나
하늘이 잔뜩 내려앉은 창가에
나는 대부도 갯바위처럼 앉았구나
보내지 못하는 편지를 쓰는 일은 그리움의 수도승이 되게 하는구나

서시(序詩) **보내지 못하는 편지**

누구에게

너의 작은 사진을 지갑에서 꺼내어 한참 보았어
참 보고 싶은 얼굴이다
눈물 첨벙이며 달려가고 싶은 사람아
하늘을 보니 너와 내가 함께 보았던 대부도의 젖빛 바다구나
그 바다 파도는 여전히 누군가를 부르는 소리로 뒤척이며
밀려왔다 밀려가겠지
너와 나는 백사장으로 둘만의 발자국을 나란히 찍으며 걸어갔지

詩…

서시(序詩) 보내지 못하는 편지 5

일 섬이 된 이유

돌이 생긴다
하늘 풍덩
산들이 바다로 달려간다
해가 바다에 빠지자
풍덩
섬들이 생긴다
바다에 뛰어든 산마루들이다
붉은 해 지지 마라
너를 건지러
풍덩
산들이 더 뛰어들겠다

섬이 된 이유 12
지독한 그리움 14
꽃대… 16
타인과 폐인 17
꽃아 미안하다 18
소라 껍질 19
풍경 20
벚꽃 지는 날 21
바람의 노래 22
바라볼 수 없습니다 24
그 한 마디 25
물빛 26
지난 다음에 28
하늘은 그리움의 유배지입니다 29

30 우연과 필연
31 아름다운 사람
32 설화(雪話)
34 물병자리
36 네가 그리워하는 것을 그리워하고 싶어
37 보고 싶다는 말
38 저녁
39 물줄기
40 망설임
41 묻고 싶지만
42 막차와 종점
43 사랑의 통증
44 눈 내리는 날은 그리움이 무죄이고 싶다

이 아무리 불러도 닿지 않는 날

등불도 켜지 않은 새
벽에 기대어 너를 떠올린다
매번 뻥뻥히 달려가다
휑겨져 돌아오는 일 조차 힘거운데
저녁이면 이름 부르는 생각의 되물림들
그릇 같은 공간이 아프게 일렁인다
빈 그릇 같은 공간이 아프게 일렁인다
그게 너라는 바다인가 파도마냥
내 실의 바닷가를 향해 달려드는
내가 밀물과 썰물로 움직일 때마다
철썩이며 부서지는 나의 눈물을 본다
상관없이 보고 싶다
해안선 끝나는 지점까지
발자국마다 울음 찍어 대는 마요셔럼
오늘은 아무리 불러도 닿지 않는 날이다
제 힘에 겨워 꽃잎 떨구는 치자꽃처럼
지진 눈물 하나 또 똑 떨어진다

만남과 이별 48
밤바다 49
개꽃 50
산마루 52
길 끝에서 54
보고 싶어도 보고 싶지 않다고 55
남는 슬픔 56
장대비 57
종이배와 섬 58
마음자리 60
나가지 못하는 물 61
그 사람이 보고 싶습니다 62
자르는 말 63
아무리 불러도 닿지 않는 날 64
웃는 연습 66
산사(山寺) 68
벙어리뻐꾸기 69

소쩍새 70
혼자라는 생각 71
말없는 사람 72
조금만 덜 그리웠어도 73
외로움이 그리움에게 74
안개비 75
밑줄 76
가을 편지 77
고(苦) 78
그리움의 거리 79
이 사람에게 하소서 80

삼 ── 플라타나스에 기대어

플라타나스에 기대어
반듯하게 난 길을 바라봅니다
그가 손을 흔들며 떠나간 길을
플라타나스에 기대어
넋 놓고 바라봅니다
그는 그렇게 갔습니다
알 수 없는 눈빛만 남겨두고
꼭 한번은 다시 보고 싶었는데
플라타나스 길을 따라
말 울음 할 수도 없는
그는 원경으로 지워져 갔습니다
무성영화처럼
알아들을 수도 없는
플라타나스에 기대어
반듯하게 난 그 길을
오래도록 바라보다
빗방울 떨구는 물빛 하늘을
올려다봅니다
막막한 것은
그리워해서는 안된다는 겁니다

사랑하는 그 사람이 있는 사람은 84	
사랑꽃 85	
따옥따옥 86	
말로 할 수 없는 사랑 87	103 저녁강은 혼자 운다
백치 같은 당신 88	104 혼자서
소식 90	105 이름이 있어도
슬픔이 기쁨에게 92	106 ……
헤어날 수 없는 바다 93	108 불쌍한 남자
파도야 죽자 94	109 물수제비
어디서나 96	110 하늘이시어
슬픔을 섬기며 97	112 누구의 꽃이기에
플라타나스에 기대어 98	113 쭉정이
영혼의 물결 100	114 알몸
바라보기만 하는 사람 102	115 징검다리

사 그 사람을 사랑할 수 있다면

그가 사랑하는 것을 사랑하겠으며
그가 부르고 싶어하는 이름이 되겠습니다
그가 시심을 속에 놓여있더라도
고통이 내 발을 두들기더라도
그에게 희망으로 다 가서겠으며
그가 사랑하는 이유를 묻는다면
그런 나를 그가 불편해 하면
아직 내게 남아 있음을 부끄러워하겠습니다
오늘같이 그는 보이지 않는데
착한 안개가 나를 편안하게 해 주는 아침이면
그의 향기로운 산책인 줄로 알고
나와 다른 이의 평화가
그들 온전하게 지켜주고 있음을 감사합니다
어느 날 그가 나를 잠잠히 바라보아 줄 것이며
나는 그의 눈빛으로 들어가 빛조각이 될 것이며
묻지 않아도
"당신은 나입니다."라고 말할 것입니다

그 사람을 사랑할 수 있다면
때로는 물러날 줄 아는
그의 사랑으로 사랑하겠습니다

슬픈 집회 118
엉겅퀴 119
무슨 말이라도 해야 겠는데 120
빗금 122　　131 사랑과 그리움
아픔 123　　132 어느 날
비와 커피 124　　133 세상에서
파꽃이 피면 125　　134 땅만 보고
당신의 바다 126　　135 그저
그 사람인 줄 알고 127　　136 거기 두고
벙어리뻐꾸기는 혼자 웁니다 128　　139 시작과 끝
관계 130　　140 그 사람을 사랑할 수 있다면

142 결시(結詩) 당신 앞에 빗물로 서고
싶습니다

풍덩 해가 바다에 빠지자 해를 건지러 산들이 바다

일

섬이 된 이유

다 풍덩 풍덩 하나 둘 섬이 생긴다 바다에 뛰어든
들이다 붉은 해야 지지 마라 붉은 해야 지지 마라
너를 건지러 풍덩 풍덩 산들이 더 뛰어들겠다

섬이 된 이유

풍덩
해가 바다에 빠지자
해를 건지러
산들이 바다로 달려간다
풍덩
풍덩
하나
둘
섬이 생긴다
바다에 뛰어든 산마루들이다
붉은 해야 지지 마라
붉은 해야 지지 마라
너를 건지러

풍덩

풍덩

산들이 더 뛰어들겠다

지독한 그리움

죽을 만큼 보고 싶어서
보고 싶다
말을 써 놓으면
파도가 밀려와서 가져간다

죽을 것 같아서
사랑한다
말을 써 놓으면
파도가 밀려와서 가져간다

파도는 모래밭에 써 놓은
보고 싶다는 말을
먹고 사나 보다

파도는 모래밭에 써 놓은
사랑한다는 말을
먹고 사나 보다

꽃대···

견디어도 견디어도 더 견디어야 하는
그리워해도 그리워해도 더 그리워해야 하는
마른 꽃대 같은 하루하루
기다림의 끝이 아픔의 끝이
눈물빛 하늘과 선을 맞그어 놓은
지평선 같기만 수평선 같기만

오지 않을 것을 모르는 게 아니지만
갈 수 없는 것을 모르는 게 아니지만
이렇게라도 하지 않으면 죽을 것 같아서
곧 죽을 것만 같아서
그 사람 이름을 백지 가득
새카맣게 썼다 지우고 썼다 지우고

타인과 폐인

떨어져있으면떨어져있는시간만큼거
리만큼볼수도들을수도없는데떨어진
만큼타인이되어가는너를어떡하니?

떨어져있으면떨어져있는시간만큼거
리만큼보고싶은데듣고싶은데떨어진
만큼폐인이되어가는나를어떡하니?

꽃아 미안하다

미안하다
아무 짓도 못하는구나
미안하다
꽃아
떨어지는 너를 두고
아무것도 되어 주지 못하는구나
떨어지는 너를
바라볼 뿐
나는
아무것도 아니구나
미안하다
미안하다
꽃아

소라 껍질

나는 가슴이 없습니다
가슴이 닳고 닳아 없어지고 말았습니다
그리움도 한 때의 욕심이니,
비우라 해서 비우건만 표가 나지 않습니다
비우면 비울수록 거대해지는 바다만 같아
나는 가슴이 없는 소라 껍질로 눕고 말았습니다

풍경

풍경은 닫혀 있었다
내가 두드리기 전까지는
그저 창 밖의 조용한 산과 들이었으며
나즈막한 언덕에 바위 하나 있을 뿐이었다
내가 풍경에 문을 그린 다음
가만히 문을 열자
풀꽃들이 들어오라며 손짓을 했다
나는 놓인 길을 따라 풍경 속으로 걸어갔다
언덕으로 올라가 바위에 걸터앉자
속삭임이 들렸다
기다림보다 긴 것은 없었노라고……
나도 풍경 속에 앉아 있다
누군가 내게 문을 그릴 때까지

벚꽃 지는 날

벚꽃 지는 날
보고 싶다는 말
사랑한다는 말이
침묵 속으로 쏟아지고 있었다
벚꽃은 길 위에 가득 누웠는데
보고 싶다는 말
사랑한다는 말을
벚나무는 그저 바라보고 있었다

바람의 노래

오늘은 종일 바람이 불고 슬픈 노래로 흐릅니다
혼자 놓아두는 내가 불쌍한 그런 날입니다
생각은 밭고랑 타듯 흐느적흐느적 마음을 갈아엎는데
지나가는 사람들도 눈길 한번 주지 않는
사방을 둘러보아도 막막한 산중 같습니다
까마득 솟는 미루 나무에 기대어 서서
말없는 하늘을 올려다봅니다
그리움을 올려놓은 선반 같은 하늘에서
겨자씨만할 내가 보일까요
내 작은 하나가 말하는 하찮은 눈빛을 알 수 있을까요
저 크나큰 그리움이 말입니다
멧새는 자기가 원하는 만큼 호선을 그으며 날아갑니다

나의 끝에는 누가 있나요
불러도 듣지 못하고
기다려도 오지 않는데
바람은 자꾸 불어 내 등을 떠밀며
돌아가라 돌아가라만 합니다

바라볼 수 없습니다

오늘은 내가 너무 초라하여
하늘을 바라볼 수 없습니다

그 눈빛이 나를 바라볼 때는
세상을 다 얻은 것 같다가
그 눈빛이 나를 바라보지 않을 때는
세상을 다 잃은 것 같습니다

자꾸 바라본다고
오늘처럼 그 눈빛이 나무라면
그 눈빛 대신 바라보던 하늘마저
내가 너무 초라하여 바라볼 수 없습니다

그 한 마디

잔잔하기만 하던 바다에서
걷잡을 수 없는
파도가 밀려오고
조용하기만 하던 나무들이
가지마다 잎새들을
마구 흔들고 있습니다
어디서부터 막아야 할지 모를 바람이
돌이키지 못하도록 불어 닥칩니다

사랑한다는 그 한 마디

밋밋하기만 하던 풀밭에
꽃이라는 불을 질러놓고 말았습니다

물빛

10월의 마지막 날
편지를 가을 하늘로 보내려 하자
바람이 손사래친다
국화 잎에 머물다 가는 바람이
나를 흔들어 놓고
오해하지 말라 한다
한번 웃으란다
누가 보지 않게 허공에 씻으란다
하늘이 왜 파란지 아느냐고
하고 싶은 말을 물처럼 가두다 보니
아주 깊은 물이 되어
바다보다 더 깊은 물색이 되어
저토록 파랗단다

하늘 중에 가을 하늘이 제일 파란 것은
그리움이 너무 깊어 그렇단다
편지는 물이 되어 내 안으로 고인다
내 안이 하고 싶은 말을 참느라
가을 하늘보다 더 푸른 물빛이 된다.

지난 다음에

슬픔을 그만 놓아주렵니다
웃음도 놓아주렵니다
빈 집의 외로움도
커가는 그리움도
묵정밭에 억새 자라듯
장다리 얼크러지는데
몇 번의 늦가을이 훑고
마당으로 다시 복사꽃 쏟아져도
생각을 켜켜이 쌓거나
기다림을 매어 두지 않겠습니다
슬픔에게 웃으라고 말하지 않겠습니다

하늘은 그리움의 유배지입니다

하늘은 그리움의 유배지입니다
산노루마냥
겁먹은 눈빛이 바라볼 뿐입니다
한 사람만 생각나는
그의 눈빛은
흐렸다가
맑았다가
언제나 일기불순입니다
바람이 풀무질하는 날에는
온통 그리워서 하늘이 잔뜩 흐려집니다
저 그리움 견디다 못하면
하늘에서 눈비가 내리곤 합니다
겁 많은 산노루마냥
마음을 숨기고 사는 그의 눈빛은
하늘이 넓고 넓은 그리움의 유배지입니다

우연과 필연

사는 일이란 만남과 이별의 연속선 위에
하나하나 점을 찍어 나가는 일인지도 모릅니다
어떤 날은 유독 특별하여 꽃표해 두기도 하지요
사노라면 우연과 필연이라는 상반된 단어가
동의어처럼 혼란스러울 때가 있습니다
세상에는 가끔 운명처럼 만나지는 사람이 있지요
그때마다 마음이 난데없는 물살을 일으키지만
가장 근사한 말을 만들지 못해 그냥 보내곤 합니다
오늘도 별이 내리고 그리움이 주저앉고 맙니다

세상이란
많은 날 중에
꽃표 몇 개쯤 해 두고 사는 일인가 봅니다

아름다운 사람

아름다운 사람은
마음이 투명하여 물 속같이 보이는 듯하다
생각들이 예쁜 물고기떼처럼
유영하는 것을 알 수 있다
오직 평화의 밭을 일구며
행복의 집을 지을 줄만 안다
그의 산책은 먼발치에서
노루도 알 수 있는 착한 걸음걸이다
사색의 정원은 고요하여 폭풍우의 탄식을 모르며
공연히 바람이 일어나는 말을 만들지 않는다

아름다운 사람은
마음이 물 속처럼 보이나
깊이는 누구도 알지 못한다

설화(雪話)

폭설이 내리는 날
허리까지 빠지는 산 속으로
노루 같은 착한 눈을 가진 사람과
도주하고 싶다

관념의 빛깔을 하얗게 덮은 산비탈에서
원시음(原始音)으로 서로를 잡아주며 올라서고 싶다

망각의 시공간(時空間)으로 펼쳐지는
설국(雪國)의 평원을 바라보다
설령, 국경을 넘게 된다 하여도

천치 같은 사랑에 빠져
나 밖에 모르는 눈빛을 가진 사람과
하얗게 내리는 눈 속을 끝없이 헤매고 싶다

물병자리

그대는 누구며 어느 별의 왕족입니까
눈빛엔 별궁이 아스라이 잠겼습니다
하늘이 그리워지는 건
언젠가 살았을 왕국의 기억일 겁니다
수많은 별 중 하나가 내 별이라고 믿는 것처럼
우리는 떠나온 왕국을 하나쯤
가지고 사는지도 모르겠습니다
어쩌다가 지구라는 별에 여행 와
오르페우스 창(窓)으로
그댈 보고 아쉬워하는지도 모르겠습니다
여행이 끝나 돌아가면
날마다 맑은 새벽에 별무더기 길어다
물병자리에서 그대 머리맡으로 뿌리렵니다

슬픔이다가 환희로 꽃 터지는
그대는 누구며 어느 별의 왕족입니까

네가 그리워하는 것을
그리워하고 싶어

너의 기슭에 닿고 싶어
너의 깊은 호수를 학처럼 날아
네가 바라보는 자리에서
네가 그리워하는 것을
바라보고 싶어
네 가슴에 물 일어오면
너의 어깨를 노을빛으로
가만히 두르고 싶어
너의 기슭이 내가 아니래도

보고 싶다는 말

혼자서 바라보는 날도 있는 거다
나도 모르게 보고 싶다는 말을 하는 날도 있는 거다
보고 싶다 말해 놓고 억장이 무너지지만
사는 일이 너를 바라볼 수 없게 하는 날도 있는 거다
너만 바라보고 싶은데 기껏 달려가
철벅이는 바다를 바라보는 날도 있는 거다
웃음마저 눈물로 고이는 하늘을
혼자서 바라보는 날도 있는 거다
바라볼수록 힘들어
하늘조차 바라볼 수 없는 그런 날도 있는 거다

저녁

기다림의 길 끝에서
그리움이 몸서리치는 저녁입니다
외로움이 먹물처럼 번지는 저녁입니다
얼마나 가슴 졸인 하루였는지
그 파랗던 하늘이
새카맣게 타버린 저녁입니다

물줄기

내 가슴의 여러 갈래 물줄기 중
하나가 당신에게 흘러
나와 같이 당신이 바다에 이르렀으면 좋겠지만

당신 가슴의 여러 가지 꽃씨 중
하나가 나에게 날아와
당신을 위해 내가 꽃을 피울 수 있으면 좋겠지만

당신은 흘러가는 물을 바라만 보는 꽃이어야 하고
나는 그 꽃을 지나가는 물줄기여야만 하고

망설임

바람이
망설이다가 망설이다가 부는구나

빗방울이
망설이다가 망설이다가 떨어지는구나

파도는
망설이다가 망설이다가 밀려와서
갈 때는 망설이지도 않고 밀려가는구나

꽃아,
너도 망설이다가 망설이다가 피는 거니
너는 갈 때 그냥 가지 않을 거지

묻고 싶지만

저녁 노을이 언덕에 앉아
물끄러미 바라보고 있습니다
무슨 생각하느냐고 묻고 싶지만
그만 둡니다
나도 이쪽 언덕에 앉아
아무 말 못하고
노을만 바라보고 있습니다

막차와 종점

내가 내린 곳은 종점이었어
밤비가 내렸지
불빛들이 꽃잎처럼 찍히고
서러운 이름이 뻘물처럼 올라왔지
분간없이 허방질로 걸었어
얼굴엔 빗물이 바닷물처럼 지나다녔지
나는 막차로 내린 그리움이었고
그는 나의 종점이었지
서러운 이름은 더 이상 갈 수 없는 바다였어
빈 소주 두 병 세 병 사이로
얼마 남지 않은 불빛이 꽃잎처럼 떨어지는
내가 내린 곳은 종점이었어

사 랑 의 통 증

사랑해서 아프답니다
내 안에 들수록
더욱 아프기만 하답니다
견딜 수 없는 날엔
한 발짝만 뒤로 물러섰다
통증이 가시면 다시 달려오겠답니다

아무리 아파도
나는 한 발짝도 떠날 수가 없는데

눈 내리는 날은
그리움이 무죄이고 싶다

어느 변방 하늘이 뭉텅 무너져
대설이 퍼붓나 보다
이런 날은 보고 싶다는 말을 해도
대상 없이 괜찮고 싶다
지워지는 길을 바라보다
눈사태처럼 외로움 주저앉히고
막걸리 한사발로 딸꾹질도 해 보고 싶다
산골 통나무 집에 갇혀
사나흘 내리는 눈이 석 자쯤 쌓이면
겁 많은 노루처럼 눈밭에 나가
순한 사슴과 설국을 헤매고 싶다

국경 없이
눈 내리는 날은 그리움이 무죄이고 싶다

상실의 바닷가
네가 밀물고
철썩이며 부서지는
네가 판단 없
해안선 끝나는
발자국마다 울음 찍어 대는 마도요처
오늘은 아무리 불러도 닿지 않는 날이다
제 힘에 겨워 꽃잎 떨구는 치자꽃처럼
지친 눈물 하나 또록 진다

　　　　　　등불도 켜지 않은 채
　　　　　벽에 기대어 너를 떠올린다
　　　　　매번 팽팽히 달려가다
　　튕겨져 돌아오는 생각의 되물림들
　　이름 부르는 일조차 힘겨운데
　공간이 아프게 일렁인다
　그게 너라는 바다야
격드는 파도마냥
일 때마다
본다

이 아무리 불러도 닿지 않는 날

만남과 이별

하루에도 수없이 너를 보내지만
되돌아오는 너를 보며
하루에도 수없이 나를 보내지만
되돌아오는 나를 보며
나를 수없이 떠나가는 너와
너를 수없이 떠나가는 나의
이별은 만남의 횟수만 늘릴 뿐
만남은 이별의 횟수만 늘릴 뿐

밤바다

이름을 백 번 부르면 잠들까
천 번 부르면 잠들까
오른쪽으로 돌아누우면 잠들까
왼쪽으로 돌아누우면 잠들까
뒤척이느라
뒤척이느라
파도가 가없이 밀려오는데

개꽃

저 꽃 중에 내 사랑 있으니
붉을 밖에
피 붉을 밖에

참꽃나무는 참꽃이라서
길 위에 뿌리고
개꽃나무는 개꽃이라서
그늘에 홀로 떨구나

뚝
뚝
붉을 밖에
피 붉을 밖에

참꽃은 진달래, 개꽃은 철쭉의 다른 이름입니다.

산마루

아무것도 않고 바라보고 싶다
몇 날이고 며칠이고
지쳐서 보고 싶지 않을 때까지
그러면 힘들지 않을까
지금처럼 볼 수 없다 해도
더는 생각나지 않을까
하늘에 그리는 그림이
늘 같은 얼굴이다
그 사람이 웃는
내가 되어
그 사람 웃음 따라
나도 가득 웃고 싶어서다

아무도 오지 않는 길에서
들꽃 하나가 그리운 하늘을 올려다본다
오늘 하루도 많이 힘들었나 보다
저녁해가 산마루에 앉아 쉬고 있다

길 끝에서

그대가 있는 곳으로 놓인 길을 바라보고 있습니다
얼마나 걸어가면 그대를 만날 수 있나요
얼마나 기다리면 그대가 걸어올 수 있나요
다른 사람들은 저 길로 다 갈 수 있는데
다른 사람들은 저 길로 다 올 수 있는데
그대가 막지 않아도 나는 못 가고
내가 막지 않아도 그대는 올 줄을 모릅니다

보고 싶어도 보고 싶지 않다고

세상에는 보고 싶다는 말과
사랑한다는 말이 왜 있는지 모르겠습니다
보고 싶다는 말보다 매달리는 말은
어디에도 없습니다
사랑한다는 말보다 흔드는 말도
다시 없을 겁니다
보고 싶어도 보고 싶지 않다고
사랑하면서도 사랑하지 않는다고
말하는 사람들에게는
보고 싶다는 말과 사랑한다는 말을
가르쳐 주지 않았으면 좋겠습니다

남는 슬픔

눈물보다 슬픈 것이 있다는 것을 압니다
눈물을 밑바닥까지 비워도
남는 슬픔이 있다는 것을 압니다
더는 고일 수도 없는 눈물로 우는
슬픔이 있다는 것을 압니다
남김없이 비우고 난 눈물을
가슴 밑바닥까지 긁어대며
쇳소리보다 아리게 우는 슬픔이 있다는 것을

장대비

참을 수 없나 보다
장대비가 버드나무를 통째 흔들고
소리소리 퍼부으며 물보라로 가고 있다
가는 길마다 적실 거면 오지나 말지
한 번만 보고 싶다 해 놓고
두 번 세 번
왜 돌아보누

종이배와 섬

사랑한다
사랑한다
사랑한다는 말이
어디 가나 꽃밭 이루는 날
하늘에 물빛을 가득 풀어 놓고
투명한 그리움으로 물길을 내고 싶다
부치지 못할 편지를 종이배로 접어
저어가다
저어가다
이름 없는 섬 하나 만나거든
눈빛과 눈빛이 섞이고 싶다

가난한 사랑으로

배시시

박꽃 웃음을 바수고 싶다

마음자리

섬 하나를 바라보며 저 섬이 내 섬이라면
나보다 적적한 섬은 없을 거라고 생각했습니다
빈 집 하나를 바라보며 저 집이 내 집이라면
나보다 큰 감옥에 갇힌 사람은
없을 거라고 생각했습니다
묵밭이 되어가는 마음자리에서
지는 꽃 하나를 바라보며 저 꽃이 내 꽃이라면
나보다 기막힌 이별은 없을 거라고 생각했습니다

하늘에는 개똥벌레가 많이 사나 봅니다
별들이 개똥벌레 불빛마냥 여기저기 나타납니다
그중 하나를 바라보며 저 별이 내 별이라고 생각하면
나만큼이나 슬픈 별이 왜 그리 많은지 모르겠습니다

나가지 못하는 물

나가지 못하는 물이 있습니다

열 번을 들어왔어도
저마다 물길 내어
빠져 나가는데
한 번 들어와서
나가지 못하는 뻘물이 있습니다

나가지 못하는 물에는
나가지 못하는 바닷고기도 있습니다

그 사람이 보고 싶습니다

초라한 그 사람이 보고 싶습니다
지치도록 하늘을 올려다보는
그 사람이 보고 싶습니다
종일 눈물만 밟고 다니는
그 사람이 보고 싶습니다
저무는 길 끝에 웅크리고 앉아 있을
나 때문에 세상에서 가장 초라한
그 사람이 못 견디게 보고 싶습니다

자르는 말

세상에서 가장 부드러운 칼이 있다면
미안하다는 말입니다
칼은 무엇이든 베거나 자르려고 만들어집니다
미안하다는 말보다
분노를 쉽게 자를 수 있는 말은 없습니다
미안하다는 말보다
마음을 아프게 베거나 잘라버리는 말도 없습니다
사랑을 자르기 위해 다가서는
미안하다는 말보다
두려운 칼은 세상 어디에도 없을 겁니다

아무리 불러도 닿지 않는 날

등불도 켜지 않은 채
벽에 기대어 너를 떠올린다
매번 팽팽히 달려가다
튕겨져 돌아오는 생각의 되물림들
저녁이면 이름 부르는 일조차 힘겨운데
빈 그릇 같은 공간이 아프게 일렁인다
그게 너라는 바다야
상실의 바닷가를 향해 달려드는 파도마냥
네가 밀물과 썰물로 움직일 때마다
철썩이며 부서지는 나의 눈물을 본다
네가 판단 없이 보고 싶다
해안선 끝나는 지점까지
발자국마다 울음 찍어 대는 마도요처럼

오늘은 아무리 불러도 닿지 않는 날이다
제 힘에 겨워 꽃잎 떨구는 치자꽃처럼
지친 눈물 하나 또록 진다

웃는 연습

준비해야 할지도 모른다
날마다 연습 중이라고 생각하자
어느 날
사랑한다는 말 대신 미안하다는
마지막 인사를 들어야 할지도
모르기 때문이다
죽음보다 독하게
눈물을 삼켜야 할지도 모른다
슬픔을 건드릴 수 있는 것은
조금도 가까이 두지 말자
좋은 말들만 준비해 두었다가
돌부처보다 인자한 얼굴로
보내야 할지도 모른다

초라한 모습 보이지 않으려면
웃는 연습을 하자

산사(山寺)

잊고 못 잊음이 너와 나뿐이랴
생각하면 수만리 강(江)인 것을
석남산(石南山) 숨어 사는 바람 소리에
가슴을 훑는 일은 부질없는 짓이다
너를 헤매는
나는 어디 있느냐
헛것으로 마음의 집 짓는 산사(山寺)의 길손아
풍경(風磬)이 천공(天空)을 타종(打鍾)한다
이승이 저미도록 너와 나는 울림이어라
잊자고 와서 그리움 마알갛게 적시는
눈물빛 하늘이어라

벙어리뻐꾸기

세상으로 돌아가야 해요
파도 소리로 바다가 날 속여
다 던지고 달려왔지만
바다에는 내가 살 수 있는 섬 하나 없어
터벅터벅 나 돌아가야 해요
벙어리뻐꾸기 울음 삼킨 푸른 산이 날 속여
다 던지고 달려왔지만
푸른 산에는 내가 살 수 있는 둥지 하나 없어
날 저물기 전에 나 돌아가야 해요

소쩍새

돌아가고 싶었습니다
저녁이면
어딘지 모르게 돌아가야 할 곳이
있는 것만 같았습니다
저녁이면
산 중 어디선가 부르는
소쩍새 울음처럼
누군가가 나를 부르는 것 같아
돌아가야만 할 것 같았습니다

혼자라는 생각

너그럽다는 뜻을 이제야 알 것 같습니다
보고 싶은 생각을 참고 참아야
잎 지고 꽃 지는 슬픔마저 소중히 삭히게 된다는 것을
장미의 계절이 지난 뒤에도
꽃잎을 책갈피 삼아 일기장 넘기며
웃음으로 떠올린다는 것을
가끔 바람 많이 부는 날에도 창 밖의 오솔길처럼
차분히 그리움의 발걸음을 옮겨놓을 수 있다는 것을
혼자라는 생각을 지우고 지우다가
숨쉴 수 없을 만큼 버려지는 아픔을 안아 본 다음에야
너그러워진다는 것을 이제야 알 것 같습니다

말없는 사람

한 번이라도 더 보고 싶었습니다
한 번이라도 더 눈 마주치려고 애쓰는데
한 번도 바라보아 주지 않고
말없이 가버리던 그 사람을
한 번만 더 보고 싶어
마지막 순간까지 뚫어져라
물주머니 같은 눈빛 놓을 수 없었습니다

조금만 덜 그리웠어도

조금만 덜 그리웠어도
참을 수 있었을 텐데
말하지만 않았어도
초라하지는 않았을 텐데
조금만 더 참았더라면
덜 그리워졌을지도 모르는데

외로움이 그리움에게

외로움을 묻는 저녁입니다
보고 싶다는 말로
파란 하늘 새카맣게 태우는 저녁입니다
보고 싶다는 말을
밉다는 말로 지우다
사랑한다는 말도
밉다는 말로 지우고
몸서리치게
그리움을 묻는 저녁입니다

안개비

안개비가 내리고 보이지 않아요
길을 지우고
산을 지우고 비가 내려요
나만 남겨 두고 나무도 풀꽃도 지우고 있어요
그가 있는 곳을 바라보지만 보이지 않아요
그에게 가야 하는데 길이 지워졌어요
그마저 지워졌으면 어쩌나요
그에게서 내가 지워졌으면 어쩌나요

밑줄

가을 풍경 위에 하늘이 덩그라니
쪽빛 칠판처럼 걸려 있습니다
손가락으로
그리움이라고 써 넣자
글씨 아래로 비행기 한 대
백묵처럼
하아얀 밑줄 그으며 날아갑니다

가을 편지

편지 온다
편지 온다

뭐라고 썼는지
나무마다 편지 보낸다
편지 보낸다

가을이면 보내는
편지 받아라
편지 받아라

고 (苦)

이렇듯 많음 중에
너 하나 생각하는 일이 왜 이리 힘드니
너 하나 만나는 일이 왜 이리 힘드니
너만을 바라보고 있는데
너 더욱 커져 가고
나 더욱 작아져
이렇듯 많음 속으로
나는 지워지고 있는데
너 하나 붙드는 일이 왜 이리 힘드니

그리움의 거리

아침부터 저녁까지 걸어가는
그리움의 거리는
하루가 천년입니다
가다가 가다가
다시
저녁부터 아침까지 되돌아와야 하는
그리움의 거리는
하루가 천년보다 더 깁니다

이 사람이게 하소서

이 사람이게 하소서
이 사람 내게로 와
시작과 끝이 되게 하소서
나의 뜨락에 피어난 꽃이라면
세상에서 가장 착한 꽃 앞에
내가 서 있나이다
생각만 해도 전율인 이 사람
자고 나면 백합처럼
하얗게 웃는 그가 되게 하소서

나를 묻거든
그가 대신 나를 답할 수 있게 하소서
때가 되면 익을 줄 아는 사과처럼
이 사람 곁에는 내가 놓이게 하소서
나를 만들고
보내신 이여
내게는
이 사람이게 하소서

말을 할 수도
알아들을 수도 없는
무성영화처럼

그는 원경으로 지워져 갔습니다
플라타너스에 기대어
반듯하게 난 그 길을
오래도록 바라보다
빗방울 떨구는 물빛 하늘을
올려다봅니다
막막한 것은
그리워할 수도 없다는 겁니다
그리워해서는 안 된다는 겁니다

삼

플라타나스에 기대어

플라타나스에 기대어
반듯하게 난 길을 바라봅니다
그가 손을 흔들며 떠나간 길을
플라타나스에 기대어
넋놓고 바라봅니다
알 수 없는 눈빛만 남겨 두고
그는 그렇게 갔습니다
한 번은 돌아볼 줄 알았는데
꼭 한 번은 다시 보고 싶었는데
플라타나스 길을 따라

사랑하는 그 사람이 있는 사람은

사랑하는 그 사람이 있는 사람은
그 사람 때문에
세상에서 누구보다 쉽게 상처 받고
그 사람 때문에
세상에서 누구보다 쉽게 상처를 치유하고
그 사람 때문에
세상에서 가장 불행한 사람이었다가
그 사람 때문에
세상에서 가장 행복한 사람이 됩니다

사랑꽃

그대 이름이 사방 꽃씨로 날아듭니다
꽃나무는 자라 숲을 이루고
나는 파랑새되어
청음으로 날며 그대를 노래합니다
아침 꽃나무에 앉아 그리워하고
저녁 꽃나무에 앉아 기다리다
행복을 노둣돌로 디디고 오릅니다
하늘에서 홀로 피고 지는
꽃 한 송이
저 붉은 해는
하루도 빠짐없이 내가 그대에게 바치는
사랑꽃입니다

따옥따옥

저녁 바다에 파도가 가득하다
밀어내고 밀어내도
그리움 밀려오고
해조음 물새알 씻는
어느 기슭에서
얘야, 얘야
그만 돌아가라고
늙은 소나무 등 다독이는데
모래밭에 발자국만 찍는
따오기 소리
아직 누군가 찾고 있는지
따옥따옥

말로 할 수 없는 사랑

아무리 좋은 표현을 해도
내 마음이 말하고 싶어 하는 것에 미치지 못합니다
당신은 말로 할 수 있는 사랑이 아닙니다
말로 하는 사랑은 아주 작습니다
말로 하지 않는 사랑은 매우 큽니다
당신이 살고 있는
내 마음의 집은 지평선이 울타리입니다
사방을 달려도
당신의 영토는 날마다 커져 갈 뿐입니다

백치 같은 당신

돌무덤처럼 앉아 있던 당신은
나를 기다리다 지친 풍상일 거요
세월에 헐린 아무도 지키지 않는 성채 같았오
나만 보면 투명하게 물돌이 하던 눈물이
이젠 찌들어 뻑뻑한 해자 같았오
갈대들이 성긴 베옷처럼
바람에 아리도록 헤적이오
이따금 나타나서 석류알처럼 가슴 터뜨리고
벌판을 당나귀처럼 떠나가는 나를
당신은 언제나
인디언 여자처럼 말없이 바라보아야 했소

풍각쟁이로 산다 해도
내 곁에서 죽을 수 있다면 행복해 할 당신
백치 같은 당신이
물길을 걷던지 산길을 걷던지
물동이를 쏟은 듯 걸음걸음 홍건히
자꾸만 눈에 밟히오

소식

아슴푸레 놓이던 기억이 풍경처럼
안개에 묻히는 그런 날입니다
착하게 거니는 안개가 그리움으로 다가와서
나의 생각을 조용히 쓰러뜨리고 있습니다
있는 것도 없는 것도 아닌 사무침으로
눈빛이 허공을 매만지는데
사방은 멧새도 동선을 그리지 않고
갈대마저 고분고분 울먹이는 고독뿐입니다
시간이 흐를수록
그리움은 부풀어 더욱 탱탱해집니다
결국 방죽 같은 침묵이 한숨으로 헐리고
마음이 수만 리 강으로 눕고 맙니다
안개가 삼삼오오 수군대며
저어기 길 끝을 가고 있습니다

드문드문 전해 듣는 세상사 소리에도
그 사람 소식은 영 오지 않는 그런 날입니다

슬픔이 기쁨에게

마지막 눈물 한 방울까지
긁어낸다 해도
끝내 말을 말자
말없이 그리움 삼키는
꽃잎 지는 계절처럼
기쁨이 슬픔에게
이동했다고 생각하자
꽃진 자리 잎마저 지고 나면
독하게 파고드는 외로움에
가슴 짓무르겠지만
어느 해는
봄보다 가을이 눈부셨다고
슬픔이 기쁨에게 말하리라

헤어날 수 없는 바다

알몸으로 선 빈 나무에 기대어 바라보니
겨울 하늘이 왜 초점이 없는지 알 것 같습니다
까칠한 그리움을 펴고 펴다 보니
지평선이 왜 있어야 하는지 알 것 같습니다
사방을 둘러보아도
눈물점으로 떠도는 섬 하나가
나라는 것을 이제 알 것만 같습니다

그대는 헤어날 수 없는 바다라는 것을

파도야 죽자

파도야
그리워서 가슴이 저리구나
머뭇거리는 위치에 나를 세워 두고
파도 스러지는 소리에
마음이 층층으로 무너지고 있단다
바다의 사색이 내 어깨에 기대어
산딸기 같은 저녁 해를 바라보고 있구나
세월이 절반은 해결해 줄 거라는
위로의 말이 천 갈래 만 갈래로 아프기만 한지
한 번이라도 볼 수 있다면
선 자리 돌이라도 되련만
내 어디 불씨는 아직 살아
신열을 앓는데

파도야 죽자
니캉 내캉 끌어안고
하얗게 부서져
바다에 빠져 죽자꾸나

어디서나

보지 않으려 해도 어디서나 보입니다
귀를 막고 걸어도 부르는 소리 따라옵니다
빈 광장에 서면 비둘기떼로 몰려오고
창가에 서면 빗줄기로 하염없이 매달리고

보려 하면 볼 수 없는 그가
들으려 하면 들을 수 없는 그가
길을 가다 자꾸만 뒤돌아보게 합니다

슬픔을 섬기며

한 사람만을 사랑할 줄 아는 사람이
나였으면 좋겠습니다
사랑 때문에 평생
슬픔을 섬기게 된다 해도
한 사람만을 사랑할 줄 아는 사람이란
나를 두고 하는 말이었으면 좋겠습니다

플라타너스에 기대어

플라타너스에 기대어
반듯하게 난 길을 바라봅니다
한 번은 돌아볼 줄 알았는데
알 수 없는 눈빛만 남겨 두고
그는 그렇게 갔습니다
불러 볼 수도
알아들을 수도 없는
무성 영화처럼
플라타너스 길을 따라
그는 원경으로 지워져 갔습니다
반듯하게 난 그 길을
오래도록 바라보다
빗방울 떨구는 물빛 하늘을
올려다봅니다

플라타나스에 기대어
막막한 것은
그리워할 수도 없다는 겁니다
그리워해서는 안 된다는 겁니다

영혼의 물결

눈물은 영혼의 물결입니다
사랑한다는 미어지는 소리에
그렁그렁한 눈빛되어
영혼의 물결이 해류처럼 흐릅니다
말하지 않아도 간섭이 되고
시키지 않아도 중노동이 되는
사랑한다는 것은 형벌입니다
문득문득 골목에서 나무 뒤에서
하얗게 웃으며 나올 것 같은데
무슨 해법 없는 궂은 마음인가요
사랑은 천만리 달아나도
헤어날 수 없는 바다입니다
마구 밀고 와서 파도처럼 무너지는
허무의 연속입니다

말할 수 없는 사랑은
세상에 내 편 하나 없어 억울하기만 합니다
고독하여 허공에 섬으로 떠 있을 뿐입니다
영혼의 물결이 날마다 해류처럼 흐르고
기다림의 끝에 앉아 있던
그 그리운 이름이
세월의 모퉁이를 돌아가고 있습니다
이제는 사랑한다는 말도 잊고
다만 눈빛 속으로
별들이 가라앉고 있습니다
영혼의 물결이 점점 잦아지고
가슴은 별무덤이 되어 갑니다

바라보기만 하는 사람

늘 그 만큼 거리에서
바라보는 사람이 있습니다
다가갈 수도
달아날 수도 없는 위치에서
서성이기만 하는 사람이 있습니다
그 사람 눈빛과 내 눈빛이 섞일 때면
풀잎에 맺는 이슬처럼
말없이 머물다 가는 미소가 있습니다
늘 그 만큼의 거리를 두고
내가 바라보는 사람이 있습니다

저녁강은 혼자 운다

큰 물새가 작은 물새를 데리고 가며
저녁강에서 운다
충혈된 해가 눈빛을 담홍으로 풀어놓고
물길 끝에 서 있다
허기진 속을 물로 채우는지
대접째 들이키듯 저녁강에서 울컥 운다
서글픔이 이 산 저 산 옮겨 다니는 해거름에
그리움 점등되는 마을을 보며
저녁강이 혼자 운다

혼자서

꽃이 예뻐도 예쁘다고 말하지 않을랍니다
예쁘다고 말했다가 사방에서 피어나면
그 꽃을 다 어찌합니까
보고 싶어도 보고 싶다고 말하지 않을랍니다
보고 싶다고 말했다가
사방에서 보고 싶어만 하다
뚜욱뚜욱 지는 꽃을 어찌 바라봅니까
묻지도 대답하지도 않을랍니다
혼자서 묻고 대답하다
어마어마해지는 그리움을 누가 책임지란 말입니까

이름이 있어도

이름 없는 들풀도
이름 없는 들꽃을 피우고 있는데
이름 있어도
꽃 못 피는 들풀 있는데
이름 무성해도
꽃 못 피는 들풀 같은 그리움 있는데
꽃도 이름도 없이
사랑하다 잊혀진 들풀도 더러는 있는데

· · · · · ·

섭섭하게 걸어온 뒷 풍경이
더욱 그리워지는 고즈넉한 오후입니다
마음 기우는 대로 사람은 살기 어려운 모양입니다
그러고 싶은 나와 그렇게 할 수 없는 나는
하나이면서 하나일 수 없는 마음을
늘 안고 살아야 합니다
어찌 할 수 있는 것도 아닙니다
그가 내 마음 헤아리기 쉽지 않듯
나 또한 그의 마음 알 길이 없습니다
특별함은 두려움을 동반하기도 하나 봅니다
까닭없이 그가 걱정되곤 합니다
그대여, 마음이 활선을 그으며 걸쳐질 수 있다는 것이
작은 통증으로 박히며 기쁨의 과녁이 되지 않나요?
자문해 보지만 그리움을 던지고 던져도
흔들리지 않는 풍경이 야속하기만 합니다

하루가 다 하도록
저 풍경 속으로 끝내 그는 나타나지 않습니다
독하게 추스리던 마음이 또 와르르 무너지고 맙니다
생각뿐인 그가 자꾸 상처를 줍니다
출렁이는 눈빛으로 마알간 겨울 하늘을 바라봅니다
그도 나처럼
하늘을 바라보고 있으면 얼마나 좋을까요
만날 수 없는 그는
언제나 생략되어야 하는 언어입니다
흰 눈이라도 내 대신 실컷 퍼부었으면 좀 낫겠습니다
끝없이 펼쳐지는 여백 위에
점선의 의미로 외로운 마음이 한없이 걸어가는
차라리 발자국이고 싶습니다

불쌍한 남자

보고 싶어지면
보고 싶은 만큼
내가 왜 불쌍해지는지 모르겠습니다

불쌍해지기 싫어하면
싫어할수록
그대가 더욱 보고 싶어지는지 모르겠습니다

보고 싶어 불쌍해지는
나 같은 사람은
사는 게 사는 것이 아닐 겁니다

물수제비

갈래머리 소녀가 징검다리를 건너간 다음
까까머리 소년이 물가에 앉아 물수제비뜹니다
퐁퐁퐁
조약돌이 물장구치며 건너가다
힘에 부쳐 가라앉으면
다시
퐁퐁퐁
팔이 아플 때까지 물수제비뜹니다

하늘이시어

하늘이시어,
어찌 그와의 사이에 강물을 내어
그에 대한 생각이 쉼없이 흐르게 하나요

스스로 부끄러운 날에는
바람에 날리는 꽃잎과도 같아
세상이 깊고 깊은 허공만 같은지요

말하고 싶어 봄노는
새와 물고기에게
잊지 말고 나를 전하도록 해 주어요

내가 어떻게 사랑하며
어린 아이와 같은지를
눈만 뜨면 찾는 이름이 누구인지를

내 기억이 썩어
새로운 꽃으로 피었다가
어디에 흐벅지게 뿌려지는지를

누구의 꽃이기에

너는
누구기에
데지 않는 불길이냐

너, 꽃은
누구기에
슬픔도 아름다운 분(粉)바름이냐

누구의 꽃이기에
부끄러이 부끄러이 옥문(玉門)을 열고 있느냐

누구여야 하기에
내게는 눈물마저 젖지 않는 연꽃이더냐

쭉정이

사랑보다 뜨거운 불이 없고
마음의 흐름보다 빠른 물이 없고
그리움보다 멀리 가는 바람이 없다는데
나는 쭉정이로 까불리어
그대라는 허공에서 디딜 땅이 없구나

알몸

엎드린 하늘
누운 바다
파도가 애무하는
흰 모래밭은
알몸이었다

징검다리

그대와 나 사이로 흐르는 개울물에
그대와 나의 생각을
하나씩
하나씩
놓아가며
나는 그대에게로 건너가고
그대는 나에게로 건너오고

나와 다른 이의 평화가
그를 온전하게 지켜 주고 있음을 감사하렵니다
어느 날 그가 나를 잔잔히 바라보아 준다면
나는 그의 눈빛으로 들어가 백조가 될 것이며
묻지 않아도
「당신은 나입니다」라고 말할 것입니다

그 사람을 사랑할 수 있다면
때로는 물러날 줄 아는
그의 사람으로 사랑하겠습니다

그가 사랑하는 것을 사랑하겠으며
그가 부르고 싶어 하는 이름이 되겠습니다
그가 가시덤불 속에 놓이면
고통이 내 발을 두를지라도
그에게 희망으로 다가서겠으며
그가 사랑하는 이유를 묻는다면
그가 보고 있는 곳을 같이 바라보겠습니다
그런 나를 그가 불편해하면
그에게 내어 줄 사랑이
아직 내게 갇혀 있음을 부끄러워하겠습니다
오늘같이 그는 보이지 않는데
착한 안개가 나를 편안하게 해 주는 아침이면
그의 향기로운 산책인 줄로 알고

사
그 사람을 사랑할 수 있다면

슬픈 집회

버스를 타고 내려도
플랫폼에 기차가 들어와도
이내 떠나는 표정들로
그리움만 한 움큼씩 뿌리고 가는 당신이더구나
하늘보다 그리운 사람아
오지 않는 그리움을 대합실에서 기다릴 뿐
달리 할 수 있는 일이 아무것도 없더구나
하루 중에 그리움이 흩어졌다
멀리서 가까이서
전부 내 앞으로 모여드는
슬픈 집회 같은 저녁이구나
띄엄띄엄 서 있는 등불 따라
저마다 허기진 그리움
하나씩 들춰 업고
허방질로 걸어오는 당신이더구나

엉겅퀴

빗속에서 엉겅퀴 꽃잎에 매달리는 흰나비를 보았습니다
무희의 몸짓처럼 슬펐습니다
아무런 말도 눈짓도 필요 없는 몸짓이
그저 슬퍼 보였습니다
매달리면 매달릴수록
엉겅퀴 꽃가시에 상처만 낼 것 같은 몸짓이 슬펐습니다
무논에는 빗줄기가 동그라미를 쓸데없이
그렸다 지웠다 하고 있을 뿐입니다
누구를 기다리는지
아까부터 정거장에 비 맞고 서 있는 사람이 있습니다
내리는 사람 하나 없이
이따금 지나는 버스가 또 한적하게
산모퉁이를 돌아갑니다
빗줄기는 거세어지는데
흰나비가 여전히 엉겅퀴 꽃잎만 물고 한사코 매달립니다

무슨 말이라도 해야 겠는데

무슨 말이라도 해야 겠는데
무슨 말이라도 해 보라고 말하고 싶은데
무슨 이유로
한 마디 말도 나누지 못하고 있는지
무덤 같은 슬픔 사이에 두고
빗물보다 아프게 마주 서고 있는 건지
누구보다 행복하고 싶어 달려왔는데
웃음보다 앞서는 건 눈물이어야 하고
마음에 없는 인사 나누며
타인보다 어색한 몸짓을 지어야 하는지
그 사람의 등 뒤에선 수평선이
나의 등 뒤에선 지평선이
그리움과 기다림의 국경선처럼 그어지고

어느덧 시간은
막차처럼 다가와 돌아가자 하는데
세상 다 내려놓는 대도
보낼 수 없는 그 사람을
또 다시 보내며
무슨 말이라도 해야 겠는데
무슨 말이라도 해 주어야 겠는데

빗금

오는 길에 빗물을 한가득 머금고 울먹이는
백철쭉을 한참 달래 주다 왔습니다
허름한 주점 창 밖에서는
다시 수많은 빗줄기가 빗금을 아프게 긋고 있습니다
그리움의 기울기가 각을 더욱 넓히는 중입니다
내가 나를 말릴 수 없는 불가항력으로 말입니다
며칠 열병으로 눕는 대도
누군가를 실컷 보고 싶기만 합니다
주모는 자러 가고 없는 깊은 밤이
그리워하는 일만으로 허기지는데
앞 논에서는 철부지 개구리 소리가 아직도 요란합니다
불면증은 사람에게만 있는 게 아닌가 봅니다

아픔

아프지 말아요
그대 아프면 내가 더 아파요
내가 아프면 그대 나보다 더 아파하잖아요
그대 아프지 말아요

비와 커피

한 움큼의 비와
한 잔의 식은 커피와
한 사람이 앉아 있는 식탁과
한 사람도 지나가지 않는 창 밖에서
한 곳에 서 있는 가로등과
한마디도 할 수 없는
한입의 눈물로
한 움큼의 비와
한 잔의 식은 커피와

파꽃이 피면

파는 날 때부터 꽃대로 납니다
잎도 가지도 줄기도 없이
꽃대로만 큽니다
일평생 꽃대로 살아야 하는 파는
그리움이 하도 꼿꼿해서
한 번 휘지를 못한답니다
파꽃은 그리움이 쇠어야만 피는 꽃이랍니다
하얀 파꽃이 피면
아무도 돌보지 않는 파밭에
물빛 하늘만 종일 내려앉는다고 합니다

당신의 바다

당신의 바다보다 아름다운 바다는 없습니다
당신이 바라보던 그 바다는
한낮이면 파랗게
내 가슴을 온통 멍들게 했지만
당신이 바라보던 그 바다는
아침 저녁으로 빨갛게
내 가슴을 당신의 바다에서 온통 불타게 했지만
당신이 바라보던 그 바다보다 아름다운 바다는
생각할 수 없습니다

그 사람인 줄 알고

그리운 사람인 줄 알고 달려갔지만
그리운 사람이 아니라는 것을 알고도
그리운 사람이기를 바라고 다시 달려가는데

사랑하는 사람인 줄 알고 달려갔지만
사랑하는 사람이 아니라는 것을 알고도
사랑하는 사람이기를 바라고 마구 달려가는데

벙어리뻐꾸기는 혼자 웁니다

뻐꾸기는 사랑한다는 말을
뻐꾹
하고 웁니다
밉다는 말도
뻐꾹
하고 웁니다
너무나 사랑하기 때문에 보낸다는 핑게도
뻐꾹
하고 웁니다
뻐꾸기는 뭐든지 뻐꾹 뻐꾹 웁니다
그런 뻐꾸기 중에
뻐꾹 하고 울지 못하는 뻐꾸기가 있습니다
사랑이 목메이면
꾸욱
하고 울고

보고 싶어 눈이 아려도
꾸욱
하고 울고
참을 수 없어 딸국질이 나도
꾸욱
하고 우는 벙어리뻐꾸기가 있습니다
벙어리뻐꾸기는 뭐든지 꾸욱 꾸욱 웁니다
다른 뻐꾸기들보다 먼 산에 숨어 살며
혼자 속울음만 웁니다
눌러 참아야 한다며
꾸욱
꾸욱

관 계

사랑을 자를 수는 없는 거잖아
그리움마저 잘라버릴 수는 없는 거잖아
말이 자를 수 있는 거 아니잖아
아니 아니
시퍼런 칼로도 잘라지는 거 아니잖아

사랑과 그리움

사랑은 깊고 깊어 가늠할 길 없구나
그리움은 어린 아이 무릎에도
미치지 못하는구나
그리움이 언덕으로 나앉으면
사랑은 산으로 날 업어주며
보잘것없는 나의 고독에서 눈빛을 꺼내
맑은 영혼으로 바라보게 하는구나
물처럼 다투지 않고 흐르는 법을 가르치며
사랑은 홀로 있어도 버림받지 않는
그리움이라고 말하는구나

어느 날

어느 날은 비가 내리고
어느 날은 종일 꽃잎 지고
어느 날은 눈을 감고만 싶고
어느 날은 내가 아니었으면 좋겠고
어느 날은 미친 듯이 달려가고 싶고
어느 날은 나타나지 않았으면 좋겠고
어느 날은 차라리 기억 상실이고 싶고
어느 날은 죽음보다 강렬한 몸짓이고 싶고
어느 날은 밤바다보다 아프게 생각이 으깨지고
어느 날은 바람보다 서럽게 들판을 뒹굴고 싶고
어느 날은 외등보다 고독한 기다림이 의미를 잃고
어느 날은 창을 통해 바라보는 그리움이 불가능이고

세상에서

세상에서 가장 절실한 말은
보고 싶다는 말입니다

세상에서 가장 아픈 말은
안녕이라는 말입니다

세상에서 가장 힘든 일은
누구 때문에
죽지 못해 사는 일입니다

세상에서 가장 큰 슬픔은
눈물로 웃는 일입니다

땅만 보고

땅만 보고 걷는데
하늘이 꾸덕꾸덕한 가슴으로 따라오더니
아무 말 못하고 빗방울을 똑똑 떨구는 거 있지
나도 아무 말 못하고 또록 한 방울 떨구었지
말은 안 했지만 너가 나 그리워하는 한은
다 참을 수 있어 라고

그저

아무 말 못하고

눈물부터 앞세우며 달려오는 그 사람이었으면 좋겠습니다

아무 생각없이

눈물부터 앞세우며 달려가는 나였으면 좋겠습니다

거기 두고

그대를 거기 두고
나를 여기 두고
바람이 소리 내어 울고
하늘과 땅이 빗줄기로 눈물만 쏟는구나
아프지 마라
아프지 마라
나무들이 등을 뒤틀며 흔들듯
마음이 진흙밭을 휘청이며 걸어가듯
아프지 마라
다만 바다같이 누워 가만가만 들어라

저 쪽 끝을 혼자 떠도는 섬에서
사랑해요
사랑해요
파도가 바위에 부딪칠 때마다
고백하는 소리 들어라
다만 하늘처럼 저 언덕에 웅크리고 앉아
조용히 바라보라
바람 뒹구는 벌판 언저리에서
부러질 수도 휘어질 수도 없는 목숨이

사랑해요
사랑해요
나뭇잎 하나하나가 흔들릴 때마다
겨우겨우 매달리며
고백하는 눈물을 보라

시작과 끝

너는 나의 시작이고 나는 너의 끝이다
나는 네가 그리워서 이 세상에 온 것이고
너는 내가 그리워서 이 세상에 온 것이다
내가 이 세상에 사는 것은 너를 찾아가는 일이며
네가 이 세상에 사는 것은 나를 기다리는 일이다
나는 너이어야 하기에 너는 나이어야 하기에
너는 나의 그리움의 시작이 되고
나는 너의 기다림의 끝이 된다

그 사람을 사랑할 수 있다면

그가 사랑하는 것을 사랑하겠으며
그가 부르고 싶어 하는 이름이 되겠습니다
그가 가시덤불 속에 놓이면
고통이 내 발을 두를지라도
그에게 희망으로 다가서겠으며
그가 사랑하는 이유를 묻는다면
그가 보고 있는 곳을 같이 바라보겠습니다
그런 나를 그가 불편해하면
그에게 내어 줄 사랑이
아직 내게 갇혀 있음을 부끄러워하겠습니다
오늘같이 그는 보이지 않는데
착한 안개가 나를 편안하게 해 주는 아침이면
그의 향기로운 산책인 줄로 알고

나와 다른 이의 평화가
그를 온전하게 지켜 주고 있음을 감사하렵니다
어느 날 그가 나를 잔잔히 바라보아 준다면
나는 그의 눈빛으로 들어가 백조가 될 것이며
묻지 않아도
「당신은 나입니다」라고 말할 것입니다

그 사람을 사랑할 수 있다면
때로는 물러날 줄 아는
그의 사람으로 사랑하겠습니다

흐드러지는 꽃밭에 별밭이 쏟아지면
풀싹처럼 무릎꿇고 슬픔을 이슬로 걸러내어
다시 초라한 아침으로 놓이겠지요
생각을 기우고 기우다
세월이 빈집처럼 낡아가는데
나는 당신을 언제까지 헤매고 있을 건지
여전히 당신이 걸어가고 내가 헛것으로 따라다닙니다
사랑도 강행군을 멈출 날이 있겠지요
그리움도 눈물의 비등점으로 비워질 날이 있겠지요
마음 같아선 물길 내어
첨벙첨벙 달려가고 싶지만
꽃 중에는 혼자 피는 꽃도 있습니다
새 중에는 혼자 우는 새도 있습니다
사람 중에는 여럿이 있을 때 더 외로운 사람도 있는 법입니다
보고 싶어도 볼 수 없는 사람은
만나고 싶어도 만날 수 없는 사람은
보고 싶다는 말 대신
퍼붓는 빗물로 당신 앞에 서고 싶어 합니다
당신을 알기 전부터 당신을 찾고 있었다며
당신을 잊은 다음에도 당신을 찾을 거라며

결시(結詩) **당신 앞에 빗물로 서고 싶습니다**

보고 싶다는 말 대신
퍼붓는 빗물로 당신 앞에 서고 싶습니다
어림할 수 없는 마음은 재단이 되지 않습니다
내가 누구와 말하고 어느 곳을 바라보는지
무엇 때문에 허한 웃음이 하늘에 돌아누웠는지
어느 행복과도 바꿀 수 없는 슬픔 하나가
밀물과 썰물처럼 드나듭니다
당신이라는 바다에 내가 섬으로 떠다닙니다
보고 싶다는 말을 물새알처럼 품고
세상이 못 알아 듣는 언어로
가슴에서만 파도를 바수고 있습니다
나를 조각하던 당신의 눈빛이
곳곳에 그리움의 잔해를 흩어 놓고
나뭇잎마다 바람으로 매달립니다
제자리에서 사랑은 조금도 움직이지 않는데
빗줄기들이 대숲같이 퍼붓다 빗금을 거둔 뒤
하루가 힘들게 저물고 있습니다

꽃대

지은이/이중삼
펴낸이/장호병
펴낸곳/북랜드
초판 발행/2005년 6월 8일
재판 인쇄/2005년 7월 10일
재판 발행/2005년 7월 15일
전화 번호/(02)732-4574
FAX /(02)734-4574
홈페이지/ http://www.bookland.co.kr
이-메일/ editor@bookland.co.kr
등록일/1999년 11월 11일(제13-615호)
서울시 종로구 신문로1가 7-2 세종빌딩 405호
ⓒ 이중삼 2005, Printed in Korea
* 파본 및 잘못된 책은 바꿔드립니다.
ISBN 89-7787-359-2   03810
값 8,000원

이중삼 시인 펜카페 □□꽃대□□ 안내

» cafe.daum.net/ijungsam
» 다음카페 검색에서
  '이중삼' 또는 '꽃대'를 입력하시면
  바로 찾으실 수 있습니다.